AF410903

La Fête chez Thérèse

BALLET-PANTOMIME EN DEUX ACTES

DE

CATULLE MENDÈS

MUSIQUE DE

REYNALDO HAHN

LIVRET NET : **UN FRANC**

PARIS

AU MÉNESTREL, 2 *bis*, RUE VIVIENNE, HEUGEL ET Cie

ÉDITEURS-PROPRIÉTAIRES POUR TOUS PAYS

1910

LA FÊTE CHEZ THÉRÈSE

BALLET-PANTOMIME EN DEUX ACTES

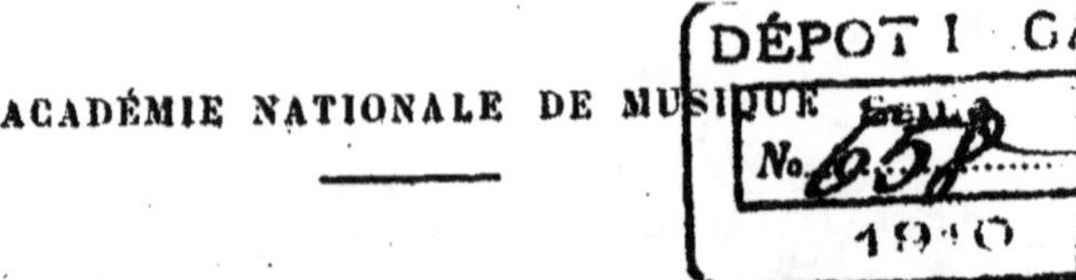

LA FÊTE CHEZ THÉRÈSE

BALLET-PANTOMIME EN DEUX ACTES

DE

CATULLE MENDÈS

MUSIQUE DE

REYNALDO HAHN

Chorégraphie et mise en scène de Mlle *STICHEL*

LIVRET NET : UN FRANC

PARIS

AU MÉNESTREL, 2 *bis*, RUE VIVIENNE, HEUGEL ET Cie

ÉDITEURS-PROPRIÉTAIRES POUR TOUS PAYS

1910

PERSONNAGES

PREMIER ACTE
(Chez Palmyre.)

MIMI PINSON (grisette)	Mlles C. ZAMBELLI.
LA DUCHESSE THÉRÈSE.	AÏDA BONI.
CARLOTTA GRIS. (la célèbre danseuse).	URBAN.
PALMYRE (la couturière à la mode). . .	B. SIRÈDE.
ZÉLIA (grisette)	MOURET.
BLANCHETTE (grisette)	M. LEQUIEN.
ROUGETTE (grisette).	J. LAUGIER.
ÉVA MIROIR (danseuse, amie de Carlotta)	SCHWARZ.
EUGÉNIE FLOCHE (d°)	DOCKÈS.
UNE DAME D'HONNEUR.	DELSAUX.
THÉODORE (jeune France).	MM. RAYMOND.
RODOLPHE (d°).	MILHET.
ALBERT (d°).	EVEN.
RODERIC (d°).	MAURIAL.
UN LAQUAIS	GUILLEMIN.
UN « TIGRE ».	Le petit LÉVY.

GRISETTES : Mlles J. KATS, G. FRANK, B. LEQUIEN,
PICHARD.

DEUXIÈME ACTE
(La Fête chez Thérèse.)

LA FOLIE.	Mlles MEUNIER.
ARLEQUINE.	JOHNSSON.
L'AMOUR	DE MOREIRA.
L'ABBÉ.	LÉA PIRON.
	KERVAL.
	PONCET.
DAMES D'HONNEUR.	DELSAUX.
	MARCELLE.
GILLES.	MM. A. AVELINE.
ARLEQUIN.	G. RICAUX.
LE PERSAN.	BOURDEL.
TARTAGLIA.	J. JAVON.

DANSE GALANTE

Mlles MOURET, M. LEQUIEN, J. LAUGIER, J. KATS,
S. FRANCK, B. LEQUIEN, BRANA, PICHARD.

MM. P. BARON, PACALET, M. BERGÉ, RICHAUME,
A. BARON, PERROT, CUVELIER, PÉRICAT.

DANSE VIOLENTE

Mlles G. COUAT, H. LAUGIER, EVEN.

MM. CLÉRET, G. RICAUX, MILHET, THOMAS, LEBLANC,
EVEN, MAURIAL, L. AVELINE.

MENUET POMPEUX

Mlles A. BONI, URBAN, SCHWARZ, DOCKÈS, B. MANTE
S. MANTE.

MM. RAYMOND, MILHET, LEBLANC, EVEN, MAURIAL,
BOURDEL, C. BERGÉ.

INVITÉS : Mlles COUSSOT, DE GONET, BREVIER, VINCENT,
SOHÈGE.

MM. LÉVY, GUILLEMIN, BEAUCOUBART, LAVIGNE.

MEZZETTINS : Mlles TRELUYER, JUPIN, RICCI, MAILLARD.

MÉNÉTRIERS : Mlles SOUTZO, G. KATS, E. ROGER,
R. LEQUIEN.

VALETS DE L'AMOUR : Mlles LÉONGE, PISE, FRANCHET,
LAPRE.

LE NÉGRILLON : Le petit THOUVENIN.

LA FÊTE CHEZ THÉRÈSE

BALLET-PANTOMIME EN DEUX ACTES

NOTE

La danse, pour le ballet, c'est une convention théâtrale, comme les vers dans le drame ou la comédie. Évidemment, les personnages de la vie ne parlent pas en vers et ne dansent pas. Mais le théâtre leur permet de parler en vers et de danser, et je voudrais que l'assimilation entre le vers et la danse, au théâtre, fût complète. C'est-à-dire que l'acteur-danseur dansât toujours, comme l'acteur-poète parle toujours en vers. Et alors, comme la mélodie continue dans le drame musical, ce serait dans le ballet la danse continue avec la suppression aussi totale que possible de la marche, qui est une manière de récitatif. Je me suis efforcé, dans ce scénario, non seulement de multiplier les occasions de véritable danse, mais encore de demander à la pantomime des gestes et des attitudes qui peuvent donner lieu à des rythmes de danse.

CATULLE MENDÈS.

Juillet 1907.

LA FÊTE CHEZ THÉRÈSE

ACTE PREMIER

Décor.

Chez Palmyre, l'illustre couturière (Voir Musset,
Balzac et d'autres, passim).

C'est à la fois le salon d'essayage et l'atelier de
couture.

La forme et le fond de couleur de l'appartement est
« Louis-Philippe », avec grande porte au fond, fenêtre à droite, fenêtre à gauche, petite porte à droite.

L'ornementation :

Des portraits ovales, des pastels, aux murs, repré-
sentant les dames les plus fameuses de l'époque :
Mme de Girardin, la duchesse d'Abrantès, etc., les
danseuses, les actrices les plus célèbres : Taglioni,
Fanny Essler, Carlotta Grisi, etc., Rachel, Dorval,

Déjazet, etc. Ces portraits, aux cadres de verreries fleuries, sont liés par une charnière à des miroirs de même forme qui reflètent les portraits. Le nom des personnes est écrit visiblement sous les portraits. Au-dessus de la porte du fond, entre deux tentures relevées par des zéphyrs joufflus, on voit une manière de fresque aux couleurs excessives qui montre la grande couturière Palmyre, en costume de ville, prenant mesure d'une robe à la déesse Vénus entourée des Grâces et des Amours, et sous la fresque, dans un grand cartouche, on lit :

PALMYRE
Couturière des Reines.

Entre les portraits, à des patères d'or contourné, pendent des costumes de toutes les couleurs, des voiles, des écharpes, qui tremblent et qui volent : c'est comme s'il y avait partout, aux murailles, d'énormes papillons éployés; dans le salon, çà et là, des paravents agrémentés d'images ou de miroirs, des psychés, des guéridons tout couverts de soieries, de dentelles, de corbeilles à ouvrage; et, au premier plan à droite, c'est la table de couture, toute resplendissante de satins, de moires, de gazes, de tarlatanes.

Et tout le salon est lumineux de couleurs vives et d'or.

Au lever du rideau, les ouvrières de Palmyre sont assises autour de la table. Elles ont le costume des grisettes — petit bonnet, robe de guingan et tablier de soie, comme dans la nouvelle de Musset. — Sur des chaises plus hautes, il y a Mimi Pinson, blonde, Rougette, rousse, Zélia, brune, Blanchette, pâlotte. Ces demoiselles sont les chefs de l'atelier.

SCÈNE PREMIÈRE

MIMI PINSON, ZÉLIA, ROUGETTE, BLAN-CHETTE, LES OUVRIÈRES DE PALMYRE, LES APPRENTIES (toutes petites, des enfants. Elles ont de sept à onze ans).

Bourdonnement, remûment des couturières qui taillent, cousent, autour de la table où s'accumulent en désordre des étoffes de toutes couleurs, étincelantes, des jupes presque achevées, et des mousselines lamées d'or.

Sous les ordres des ouvrières, les petites apprenties — des gamines — apportent, remportent des corbeilles pleines d'échantillons, des aiguilles, des bobines, que les ouvrières reçoivent ou refusent ; les ouvrières, en colère de ne

pas être bien servies, piétinent, les petites vont,
viennent, ne savent où donner de la tête, s'affo-
ient, se bousculent, se battent. Ici :

LA DANSE DES PETITES APPRENTIES

danse pendant laquelle Mimi Pinson explique à
toute la tablée qu'elle, Mimi Pinson, et Zélia, et
Rougette, et Blanchette ont des amoureux qui
ont de longs cheveux, de fines moustaches, qui
sont des étudiants, ou des poètes, — de jeunes
hommes avec qui, les dimanches, elles vont dans
les bois, — ou vont danser des contredanses à la
Chaumière.

Or, par une petite porte de droite, sont entrés
silencieusement Théodore, Rodolphe, Albert, Roderic. Costumes excessifs et jolis de dandys
demeurés jeune France, de l'extravagance et de
la grâce.

C'est déjà Rubempré, c'est encore le Gautier
d'*Hernani*. Et, au moment même où Mimi Pinson, Zélia, Rougette et Blanchette achèvent de
décrire leurs amoureux, ceux-ci tombent aux
genoux : Théodore, de Mimi; Rodolphe, de Zélia;
Albert, de Rougette; Roderic, de Blanchette, en
leur offrant des bouquets de violettes de deux

sous! Brusque émoi de toutes les ouvrières, qui se lèvent, et des petites apprenties, qui interrompent, un pied en l'air, la très courte danse qui a enveloppé toute la scène.

SCÈNE II

Les Mêmes, THÉODORE, RODOLPHE, ALBERT, RODERIC.

Les quatre grisettes ont sauté au cou de leurs amants, mais elles ont peur. Si Mme Palmyre survenait, surprenait ces visites défendues! Elles veulent chasser les jeunes hommes; ils refusent de s'en aller. Alors, les grisettes donnent des sous aux petites apprenties pour qu'elles guettent l'arrivée de la patronne, et les petites se mettent en observation, près de la porte, ou en dehors, tandis que les quatre grisettes reviennent vers les jeunes hommes, qui les enlacent, les font tourner, et ce sera :

LA CONTREDANSE DES GRISETTES

très vive, mais point grossière, d'une gaîté délicate, un cancan d'honnêtes demoiselles. Toutes les ouvrières s'y sont mêlées, peu à peu, et ce gracieux petit intermède, qu'accompagnent « les vagues violons de la mère Saguet! » s'achève dans un ensemble où, après avoir sauté en l'air, Mimi, Zélia, Rougette et Blanchette tombent dans les bras de leurs amants.

Mais les petites apprenties se précipitent, annonçant que voici venir de belles dames, des clientes. Ce sont des danseuses de l'Opéra, — elles montrent le portrait de Carlotta Grisi, — qui viennent essayer leurs costumes pour la fête chez Thérèse. Les jeunes hommes ont à peine le temps de disparaître derrière un paravent.

En sortant, Théodore, resté le dernier, obtient de Mimi Pinson la permission de revenir.

Carlotta Grisi et ses amies ne marchent pas, elles volent. Elles sont affairées et dédaigneuses.

SCÈNE III

Les Mêmes, moins les Jeunes Hommes, CARLOTTA GRISI et Trois Danseuses de l'Opéra. Ce sont de très élégantes personnes, avec un excès chatoyant de soieries et de bijoux, et des extravagances d'oiseaux de paradis.

CARLOTTA

« Eh bien, petites, où sont les costumes que nous devons essayer? »

Les ouvrières s'approchent, secouent des étoffes, montrent les costumes, jurent qu'ils siéront à ravir à de si belles personnes.

Mais tout à coup, Mimi Pinson a reconnu l'illustre danseuse qui vient de créer *Giselle*.

— C'est vous! C'est vous, n'est-ce pas, qui êtes une si délicieuse Sylphide?

Carlotta consent à ces louanges.

Toutes les ouvrières se groupent autour d'elle:

— Ah! Madame, Madame, si vous consentiez, pour nous, pauvres petites, à danser un pas... vous savez, cette valse si jolie, si adorable, la valse de Giselle!

(Et l'orchestre explique ceci.)

Carlotta, bonne fille, veut bien. Elle ôte son chapeau, son manteau, retrousse sa jupé de ville, avec l'aide des ouvrières qui se servent d'épingles, de crochets... et c'est la

VALSE DE GISELLE

Des applaudissements sans fin, des rires, des joies de toutes les folles grisettes et des apprenties aussi.

Mais Mimi Pinson dit :

— Que c'est beau ! Il me semble que je pourrais, moi aussi...

— Toi, qui es-tu, petite? Tu es la plus jolie.

— Qui je suis?

Et Mimi Pinson mime, aidée par l'orchestre, la chanson fameuse, sur la musique du temps :

> *Mimi Pinson est une blonde,*
> *Une blonde que l'on connaît ;*
> *Elle n'a qu'une robe au monde,*
> *Landerirette !*
> *Et qu'un bonnet.*
>
> *Le Grand Turc en a davantage.*
> *Dieu voulut, de cette façon,*
> *La rendre sage.*
> *On ne peut pas la mettre en gage,*
> *La robe de Mimi Pinson.*

Ce couplet mimé — pendant que l'orchestre joue — mimé et dansé, Mimi demande que Carlotta lui apprenne à faire des pointes, des entrechats.

LA LEÇON DE DANSE

où chaque geste, chaque mouvement donné par Carlotta est imité par Mimi, tandis que les

autres ouvrières prennent des leçons avec les
autres danseuses. D'abord, Mimi est maladroite.
Elle regarde, étudie, essaie, comprend. Oh! que
c'est difficile à faire des pointes; en sautant, elle
a failli tomber! Mais elle est bien vite au fait,
et la voici qui danse à son tour, exquisement.
non sans que Carlotta en conçoive quelque dépit, la

VALSE DE GISELLE

et c'est — danseuses, ouvrières, petites apprenties
— un ensemble de charme tumultueux et de joie
qui cessera seulement quand s'ouvrira la grande
porte du fond où, précédée par l'illustre Palmyre,
obséquieuse et ravie, apparaît, entre une double
haie de domestiques en somptueuse livrée, la
duchesse Thérèse, délicatement luxueuse, jolie,
belle, adorable, fine et divine.

Les danseuses, les ouvrières, les apprenties et
Palmyre s'inclinent devant elle ; c'est comme un
rythme de gloire devant la princesse d'un conte
de fées.

Elle, Thérèse, va de groupe en groupe, reconnaît Carlotta, la complimente, fait aux grisettes
un petit salut d'éventail; et Carlotta sort, suivie
de ses amies, et les ouvrières, les apprenties

s'éloignent, sur un signe de Palmyre; car, pour essayer la robe à la duchesse, il suffira de Palmyre elle-même, de Mimi Pinson, de Zélia, de Rougette et de Blanchette.

SCÈNE IV

LA DUCHESSE THÉRÈSE, PALMYRE, MIMI PINSON, ZÉLIA, ROUGETTE, BLANCHETTE.

Ici, avec un peu de pompe, la scène, mimée et dansée, de

L'ESSAYAGE

En dansant, — ou en marche dansée, — Zélia, Blanchette, Rougette, sous la direction de Palmyre, qui ordonne et règle, avancent une psyché, retirent à la duchesse son chapeau, ses gants et son long manteau, tandis que Mimi Pinson apporte la robe zinzoline, et la robe Louis XIII, et le domino que, le lendemain, la duchesse mettra aux diverses heures de la fête. Danse des quatre grisettes, autour de la duchesse non habillée, les unes ajustant un corsage, les autres faisant bouffer une jupe, d'autres encore admirant la taille fine de la duchesse pendant que celle-ci, dans un dandinement léger d'orgueil heureux, s'admire dans la psyché. C'est ici de la pantomime dansée.

Mais à ce moment, un paravent à droite se renverse. C'est que, depuis un instant, Théodore est rentré, cherchant Mimi. Il s'est arrêté, a vu la duchesse et est resté ébloui. Pendant l'essayage, il a exprimé tous les ravissements, toutes les extases. Quelle femme fut jamais aussi exquise que celle-ci ? De quel paradis vient cet ange en corset de satin et des colliers de perles au cou ?

Ce qui le trouble, tout à coup, c'est le paravent renversé.

Théodore, pour mieux voir, s'est trop penché, il a failli tomber ; il se raccroche à la table de couture. Mais la duchesse Thérèse, dans la fureur qu'un homme ait pu être là, pendant qu'elle était à demi déshabillée, reprend son manteau, son chapeau, ses gants, non sans avoir, en sortant, regardé Théodore, qui tend vers elle des mains suppliantes, et se retire, en belle colère, qu'essayent en vain d'apaiser, en la suivant, Palmyre, Rougette, Blanchette et Zélia.

Mimi Pinson reste seule avec son amoureux.

SCÈNE V

MIMI PINSON, THÉODORE.

— Eh! bien, dit Mimi Pinson, tu en fais de belles! la Duchesse est furieuse! Palmyre me mettra dehors!

Mais Théodore, dans une rêverie, ne répond pas, l'esprit ailleurs.

— Pourquoi ne dis-tu rien? A quoi songes-tu?

Théodore songe, mais ne dit pas à quoi il songe.

Mimi Pinson tourne autour de lui, le dévisage, le secoue, le pince.

— Es-tu devenu statue?

Il demeure immobile, vers une vision.

— Eh! qu'y a-t-il, enfin? Parle! Tu es amoureux d'elle!

Il ne dit pas non.

— Mais, mon pauvre petit, tu es fou! C'est une grande dame! (Elle montre le portrait de la Duchesse.) Et tu es un pauvre poète sans richesse ni gloire! Elle ne t'aimera jamais.

Il persiste dans son rêve.

— Et moi! moi! Tu ne t'inquiètes pas de moi! Moi qui t'aime! Que tu as prise! Que tu as aimée!

Il se détourne. Il s'éloigne vers le fond. Elle veut le retenir. L'air somnambulique, il l'écarte doucement. Il va vers le milieu du théâtre et ramasse un gant que la duchesse a laissé tomber, le baise avec passion. Il s'éloigne encore, il sort.

Mimi Pinson pleurniche, les coudes sur la table de couture.

La toile descend.

ACTE DEUXIÈME

Le parc de la duchesse Thérèse. C'est le plein midi
d'une belle journée. Les arbres fleurissent, ébéniers,
sorbiers, lilas et de grands rosiers précoces.

Au fond, un bassin, et le jet d'eau qui s'évase et
retombe. Des divinités aquatiques ornent la margelle
qui est de porphyre rose, et leurs bouches peuvent
lancer des gerbes de poussière d'eau.

Plus haut, à gauche, la fin d'une galerie ajourée,
de marbre rose aussi, d'où descend un escalier qui
tourne.

Tout à fait au lointain, un peu plus vers la gauche,
le parc mystérieusement baigné d'une brume bleue où
se dessinent des groupes d'arbres, une colline, des
sentiers qui rôdent sous les épiniers rejoints en voûte.

Il y a, à gauche, un peu plus haut que le premier
plan, un petit temple de l'Amour, rond, aux colon-
nettes frêles, où, sous la coupole d'ardoises dorées, sur
un socle cerclé de guirlandes, parmi des grimpements

*de volubilis et des retombées de glycines, une statuette
de Cupidon, penchée, tire de l'arc.*

A droite, une élévation de verdure.

A gauche, çà et là, à l'entrée de tonnelles de feuillage, des bossellements gazonneux.

Tout cela baigné d'une lumière d'or vert, pas brutale, très intense.

*Et voici, au lever du rideau, les places et les attitudes
des personnages :*

*Sur l'élévation de verdure, petit monticule de mousses
et de violettes, se tient la duchesse Thérèse tout à fait
pareille d'air et d'habits aux belles dames de Watteau.
Inclinés vers la duchesse, ou sur la mousse étendus
vers elle, de jeunes cavaliers jouent de la mandore, lui
chantent des romances de louange et d'amour avec
des bouches muettes. Toutes les étoffes sont de rose
pâle, de mauve languissante, de zinzolines qui miroitent faiblement comme une quintessence de la mélancolie souriante, infiniment élégante de la « galanterie »
rêveuse de Watteau. D'autres groupes feront antithèse
par des couleurs ardentes et simples.*

*Plus haut, du même côté, devant une petite table
chargée de fruits d'or, le seigneur Pantalon, tout de
rouge habillé, sous sa houppelande noire, coiffé de
rouge (barbé de vieux bouc, blanchie, le demi-masque
jaune-marron), vend des limons au seigneur Léandre,*

frais et rose, tout soie vermeille et dentelles, et à la belle Isabelle, qui porte un petit toquet avec une grande plume. A côté de la table, un singe en habit de pagliaço, monté sur un chien, coiffé d'un tricorne à sonnettes, bat des cymbales pour attirer le monde.

Sur la margelle du bassin, sont assis, en des poses nonchalantes — quelques cavaliers à genoux, — les Amyntas et les Léonores, c'est-à-dire des couples aux costumes plus anciens, Louis XIII ou Louis XIV, et des marquises avec des marquis, ceux-ci tout à fait XVIIIᵉ siècle.

Assis sur le rebord de la galerie, par où viennent les invités, Pepe-Nappa, tout jeune, laisse pendre ses jambes. C'est le même costume que Gilles (Giglio). Mais, tandis que Gilles est tout blanc, Pepe-Nappa, avec de plus longues manches, est tout bleu-clair; seul bleu sur le blanc rose de la galerie, il laisse pendre ses jambes, et, mélancoliquement, il joue du chalumeau.

Le long de l'escalier descendant, se tiennent debout, de deux marches en deux marches, ou à chaque marche, si elles sont très larges, huit ou dix Crispins, tout petits valets, de noir habillés avec le ceinturon jaune; ils ont à la main, pour éclairer en plein jour aux arrivants, des torches dorées qui ont pour flammes des touffes éclatantes de fleurs

2.

*En même temps, du côté gauche, un peu au delà
du temple de l'Amour, des Trivelins (qui ne sont pas
encore des Arlequins) et des diamantines, des Léandres
et des Coralines bleues et vertes, etc., etc.*

*Enfin, à gauche, un petit abbé violet et à genoux
vers la Ballerine (jupe mauve, rubans jaunes, manches
d'or, les cheveux épars sous une torsade rouge) qui,
la tête au piédestal de l'Amour, joue du tambour de
basque. Cette ballerine est, si l'on veut, celle qu'on
appelait « la belle tourneuse ».*

*Tel est le multiple tableau vivant — mais non pas
immobile; chaque personnage, au contraire, doit se
mouvoir, selon son costume, signe de son caractère —
qui s'offre au lever du rideau.*

SCÈNE PREMIÈRE

Tous les Personnages ci-dessus indiqués.

Dès le lever du rideau, la duchesse Thérèse,
finement minaudière, repousse de l'éventail bien
rythmé les madrigaux des romances et des gui-
tares :

« Mais non ! mais non ! cela vous plaît à dire,
et je ne suis pas jolie autant que vous voulez me

le faire accroire ! et puis, ne voyez-vous point
que vous interrompez le fil ? et il faut vous le
donner. »

Elle a fait un signe.

Les violons (ménétriers vêtus de satin et cou-
ronnés de roses) se rangent sur la galerie, com-
mencent de jouer un air très artificieusement
rustique. Tout de suite surgissent, de gauche,
Gilles, le petit Gilles, tout blanc, tout menu,
poursuivi par Arlequine, jeune personne qui n'a
point froid au yeux.

Intermède de :

GILLES ET ARLEQUINE AVEC L'AMOUR ET L'ABBÉ

Arlequine : chapeau gris à rubans roses, jaune
paille vert et blanc, veste et jupe en drap à lo-
sanges verts et rouges sur fond jonquille, souliers
blancs à rubans rouges. Gilles : celui du Louvre.

Arlequine est amoureuse de Gilles. Gilles ne
veut rien entendre. Elle le suit, le câline, lui
montre comme elle a la bouche rose et la jambe
bien faite. Il est un petit innocent, il veut de-
meurer tel. Arlequine se fâche : « Si tu ne m'em-
brasses pas tout de suite, je te battrai. » Il a peur,
parce qu'elle a levé la batte, il va se décider à

lui prendre un baiser, mais au moment où il avance ses lèvres vers la jolie joue, il se sent pris d'un tremblement de peur, et il ne veut pas aimer, non! non! non! Arlequine va le rouer de coups, lorsqu'elle s'aperçoit que Gilles caresse quelque chose qu'il a caché dans sa souquenille. « Qu'est-ce que c'est? Qu'est-ce que c'est? », il ne veut pas répondre. Elle étend les mains. C'est une tourterelle que Gilles a cachée contre lui, elle la prend, elle l'empoche. Alors Gilles court après elle, il veut qu'elle lui rende la tourterelle. « Eh bien, viens la prendre! » Arlequine a fourré l'oiseau dans son corsage. Gilles se précipite, va saisir l'oiseau, ne retire pas sa main, tant d'avoir touché l'épaule d'Arlequine il est troublé jusqu'au fond de l'âme, et il ne songe plus à la tourterelle. C'est Arlequine qu'il veut. Celle-ci, farouche à son tour, a lancé l'oiseau dans la coulisse : « Cours après! Cours après! »

Gilles ne court plus qu'après Arlequine. C'est la revanche, la contre-partie de la scène d'auparavant, il veut la joue, la lèvre d'Arlequine, qui se refuse et s'échappe. Et tapant tous les deux du pied, ils se tournent brusquement le dos.

Mais il arrive ceci : que la statuette de l'Amour s'est animée dans le petit temple, écarte les feuilles, saute à terre, prend, d'une main, Arlequine, de l'autre, Gilles, les force de se rejoindre. Et résistant, ils ne veulent pas se regarder, ils sont fâchés.

Amour les tire si fort qu'ils se trouvent lèvre à lèvre... Mais ils sont pleins de scrupules, ils sont honnêtes tous les deux, et on ne doit pas s'aimer quand on n'est pas marié.

« Qu'à cela ne tienne, dit Cupidon, et il fait venir l'abbé violet qui causait toujours avec la ballerine.

» Monsieur le curé, mariez ces amoureux! »

L'abbé n'hésite pas un instant à leur donner la bénédiction nuptiale. Et ce sont de jolies noces célébrées par une danse heureuse, achevée, lorsque Arlequine, après avoir remis sa batte à Gilles : « C'est toi qui battras désormais! », s'abandonne aux bras de son mari et que Cupidon remet son arc et ses flèches à l'abbé en lui disant : « C'est vous, Monsieur le curé, qui êtes l'amour à présent. »

Cette petite scène dansée a fait le plus grand plaisir aux hôtes de la duchesse Thérèse.

« Mais, disent les cavaliers autour d'elle, comme la fête serait plus aimable encore si la duchesse voulait danser elle-même! »

Elle ne s'y refuse pas.

Les violons préludent. Elle descend de son trône vert. Les cavaliers rejoignent d'autres dames dont les costumes correspondent aux leurs. Mais qui sera le cavalier de la duchesse?

— Voyez! c'est le seigneur Pantalon, ce vieux, presque cacochyme, qui s'offre!

On se gausse de lui. Il jure qu'il est un très robuste et gracieux danseur!

La danse Watteau va commencer. Mais, dès les premiers pas, Pantalon chancelle, titube, tombe presque. Les rires redoublent.

— Daignerez-vous m'admettre, madame, à vous donner la main pour la danse.

Celui qui dit cela, c'est un très élégant cavalier, à demi-masqué, le manteau court, tout à fait pareil aux amants qui partent pour Cythère, dans les peintures de Watteau, et la duchesse accepte sa main.

DANSE GALANTE

C'est un tableautin musical d'après Watteau même. Tous les personnages au costume congruant s'y mêleront çà et là; pourtant elle est

surtout un duo entre la duchesse et le danseur
inconnu, et ceci en pourra être le thème, d'abord
exprimé par la pantomime :

— Ah! madame, dans le pays lointain où
j'habite, on parle de votre beauté, mais on n'en
dit pas tout le bien que j'en penserai désormais!
Permettez que je vous contemple de plus près.

— Fi, seigneur, on ne regarde pas d'aussi près
les honnêtes dames, et vous ferez bien de suivre
votre chemin ou de retourner chez vous.

Et elle veut s'enfuir.

Mais il a pris une guitare.

Il joue si délicieusement qu'elle ne peut pas
aller bien loin. Il joue encore, il recule, elle va
vers lui, à reculons, malgré elle, ne pouvant se
délivrer du charme dont la musique l'enveloppe.

Déjà les autres personnages ont imité le jeu de
scène, les cavaliers jouant de la guitare, les dames
attirées vers eux. Il y a des évasions, il y a des
détours. Thérèse se sent émue, étrangement émue,
si bien que, enfin, tout à coup elle tombe dans
les bras de l'inconnu qui l'étreint violemment et
la baise dans le cou.

Elle s'enfuit pour de bon, à droite, devant le
monticule de mousse; et pendant que, sans les

voir, les autres personnages Watteau continuent
la danse, Théodore tombe aux pieds de Thérèse,
arrache son masque. Elle le reconnait! C'est
l'impertinent qui était chez Palmyre, qui a eu
l'audace de la voir, à peine rhabillée! : « Partez!
partez! laissez-moi! »

Il explique en vain, elle l'écarte, elle fait cesser
les danses, elle appelle, elle chasse d'un geste
brutal l'insolent qui n'a pas craint de la pour-
suivre jusque dans la fête qu'elle donne!

Il se soumet, s'incline, consent à s'éloigner,
n'est plus là. Elle-même, toujours furieuse, s'en
va par la droite, suivie par toutes les personnes
qui ont pris part à la dernière danse. Et c'est un
grand tumulte.

— Bah! dit Arlequine, ou Gilles, qui sont
restés, elle s'apaisera et redescendra danser avec
nous. Mais qu'est-ce que ces gens-là qui viennent?

Brutalement, lourdement, c'est, conduits par
Pulcinella, grossier, ventru (avec le demi-masque
noir des rudes Bouffons de la Comédie italienne) :

Giangurgolo, au bonnet pointu, au nez énorme,
au pourpoint couleur sang;

Meo-Pattaca, napolitain féroce, le nez busqué,
à la ceinture rouge, où sont des poignards;

Brighello, plus féroce encore, blanc avec des raiés bleues, masque terrible ;

Scapino, Scaramouche, Coviello, espèce de démon bleu et rouge, à la double plume diabolique, et le Vappo, voleur, assassin et lâche.

DANSE VIOLENTE

Pulcinella s'est établi marchand de macaroni, et les autres se ruent vers le palais. Ils sont à peu près ivres. Ils n'ont pas d'argent. Ils volent Pulcinella qui se fâche, ils se querellent entre eux, se poursuivent, sautent les uns par-dessus les autres, s'empoignent, se battent, tirent des couteaux. Corps à corps dansants. Ils se séparent, se ruent encore, et le combat, furieux, dur, atroce, avec chances diverses, ne se termine que lorsque les vainqueurs mettent le genou sur la poitrine et la lame à la gorge des vaincus.

Tous se relèvent aussitôt, sont les plus galants hommes du monde, sont complimentés de leur beau jeu terrible, baisent la main aux dames et mangent les sorbets et les fruits qu'apportent les petits crispins noirs.

C'est alors que survient très vite Mimi Pinson.

Elle a mis un domino sur sa robe de grisette, elle va et vient, court, revient, anxieuse.

Arlequine (c'est Carlotta Grisi) la reconnaît et dit à tout le monde : « Venez, venez..., personne ne danse mieux que cette petite! Allons, dansez, mignonne! »

Mais Mimi n'a pas le cœur à la danse. « Je cherche mon ami, mon Théodore! Il doit être ici... il ne m'aime plus. Je veux le retrouver. Je ne chanterai jamais plus, je ne danserai jamais plus. »

Les hôtes de la duchesse ne veulent rien entendre; elle dansera bon gré, mal gré. Elle veut s'échapper, on l'entoure... « Puis sous ma mante, je suis en robe d'atelier! N'importe. On lui enlève sa mante... On lui retire sa robe. La ballerine lui met sa jupe courte de danseuse... et il faut qu'elle danse, la pauvre petite.

LA DANSE DE MIMI PINSON

Danse quasi-classique agrémentée des maladresses jolies de la grisette. Mais, à chaque instant, Mimi Pinson s'arrête, pleure, veut s'enfuir.

On la retient, elle est obligée de continuer... Quelquefois, elle achève des voltes en sanglotant presque. Enfin, après les applaudissements, elle se jette sur sa mante, s'en enveloppe, s'évade, cherchant toujours son amant.

A ce moment, une musique majestueuse, gravement rythmée : la musique du menuet.

Par la droite, reviennent, avec la duchesse Thérèse, tous ceux de ses hôtes qui l'avaient suivie.

Tous ont changé de costume. Tous sont en costumes Louis XIII ou Louis XIV et ils entrent en dansant, malgré les interruptions dramatiques, le Menuet complet, avec les Révérences d'avant et d'après, le pas et la figure... les demi-coups, les pas marquis et toutes les parties des figures jusqu'au Z.

MENUET

A certain moment, un fier jeune homme venu l'on ne sait d'où, en habit magnifique, un marquis, regarde le cavalier de la duchesse, et lance son chapeau en l'air avec un geste de dédain, avec un air de dire : « Mais vous ne savez pas le menuet, Monsieur! » Le cavalier se rebiffe. Provocation. Les deux hommes tirent l'épée. Effroi des dames. Mais en souriant, l'inconnu fait voir que

son arme est une arme de parade, bien mouche-
tée... et c'est un aimable duel, parmi les dames
curieuses et rassurées. Après deux ou trois
passes, l'homme masqué désarme son adversaire
qui s'en va tout penaud ; et comme tout cela
n'est qu'un jeu, la duchesse ne peut se défendre
de mettre la main au poing du vainqueur, et de
continuer la danse avec lui.

SUITE DU MENUET

Mais, tout en dansant, la duchesse se sent sin-
gulièrement inquiète. Quel est ce jeune homme?
Si c'était l'audacieux qu'elle a chassé tout à
l'heure? Il lui serre trop tendrement la main...
quand il en a l'occasion, et l'attire trop ardem-
ment vers lui... Elle est inquiète et voudrait être
plus fâchée qu'elle n'est. Elle ne peut s'empêcher
de prendre du plaisir aux témérités dont elle est
l'objet; il va si loin, ayant pour lui le crépuscule
qui peu à peu commence à éteindre les fleurs, les
statues, l'escalier, la margelle et la divinité de
marbre du bassin; il va si loin qu'elle est obligée
de s'échapper, elle gagne le bord du théâtre, à
gauche, devant le Temple de l'Amour.

Le menuet continue dans le jour de moins en
moins clair.

Son cavalier l'a suivie et s'agenouille, il se démasque. C'est lui, encore lui! Mais cette fois il ne se laissera pas chasser. « Elle est si belle, il l'aime tant! » et elle-même, elle n'a pas le courage d'être cruelle, autant qu'elle l'a été... C'est déjà le commencement de l'ombre... La danse n'est pas finie... « Ah! voyez, Madame, comme le paysage est doux là-bas! Oh! si vous consentiez à venir de ce côté. » Elle n'ose plus dire non. « Allez!... sortez... allez là-bas... Je vous rejoindrai, j'agiterai peut-être ce mouchoir, que j'ai à la main, pour vous faire signe. » Extasié, après mille baisers sur les mains, sur les bras, il sort vivement...

Hélas!... Mimi Pinson, revenue, qui était adossée au piédestal dans le petit temple, a entendu la promesse de se rejoindre, a vu les baisers heureux. C'en est bien fini de son bonheur à elle... elle défaille presque.

Cependant, la duchesse a rejoint la danse.

FIN DU MENUET

Il s'achève gravement, solennellement dansé, dans l'ombre grandissante encore. Enfin les cavaliers prennent la main des dames... comme pour

3.

les conduire vers les sièges où elles se reposeront... Ils les conduisent plus loin sur les verdures... sur le rythme qui continue... Il y a encore des hôtes, çà et là, sur la galerie, qui se tournent du côté du bassin... car là, hors du bassin, comme si les divinités de marbre avaient pris vie, des formes de sirènes et de tritons nagent, selon le rythme du menuet dans l'eau invisible, et le jet d'eau, et les légères fusées liquides qui sortent des bouches de marbre, retombent sur les formes pâles des nudités qui lèvent les bras, secouent les chevelures... Les couples d'amants vont toujours lentement, vers les paysages crépusculaires.

La musique n'a pas cessé. Elle a dit la nuit doucement tombante, les lointains qui se vaporisent, les fleurs qui s'éteignent... Elle rappelle parfois la danse, les rires, les amourettes, et toute la gaîté lumineuse de la fête... Mais ce n'en est plus le temps. Voici le crépuscule mélancolique et si délicieusement douloureux presque, où les baisers ne font pas de bruit, où il semble que les amants sont des couples d'heureuses âmes, errantes, plaintives. Et tout à l'heure, la lune, bleue un peu, va se lever dans le paysage musical.

Le crépuscule, de qui le deuil n'est pas funèbre, fait songer au voile d'une veuve coquette et tendre.

SCÈNE II

Quelques Personnages de l'acte précédent, par couples, puis **THÉODORE, LA DUCHESSE THÉRÈSE, MIMI PINSON.**

Les couples, silencieusement enlacés, s'éloignent chacun de leur côté. On ne voit pas l'éclat de leurs costumes. Ils sont enveloppés (quelquefois une seule pelisse légère pour l'amante et l'amant) d'étoffes couleur de l'air du soir qui luisent un peu. Les uns montent la route montante, d'autres s'écartent sous les branchages.

Théodore vient du fond, très vite, cherchant la duchesse. Il rencontre les amoureux qui partent. Il sort à gauche.

A son tour, voici Thérèse. Elle cherche Théodore, elle se dépite de ces gens qui ne se dépêchent pas assez de s'en aller. Elle monte, à droite, les deux marches en rond d'une fontaine. Elle regarde au loin.

Enfin elle est seule.

Elle prend à sa ceinture son mouchoir de dentelle. Elle va agiter le mouchoir (comme il a été convenu), pour que Théodore vienne...

SCÈNE III

La Même, MIMI PINSON.

Mais Mimi Pinson, très rapide, survient, arrête
le geste de la duchesse :

— Que signifie, Mademoiselle?

— Hélas! Voyez, dit Mimi, j'ai les yeux pleins
de larmes. Essuyez mes yeux, bonne dame, avec
ces dentelles, au lieu de vous servir du mouchoir
pour faire venir mon amant.

D'abord irritée, la duchesse s'apaise. Elle a
reconnu l'aimable petite grisette de chez Palmyre.
Elle lui essuie les yeux avec le méchant mouchoir.

— Mais qu'avez-vous donc, pauvre mignonne?

Alors Mimi lui explique tout. Elle aime, elle,
Mimi, ce beau jeune homme que la duchesse
attend. Elle l'aime depuis toute une année. Ils
se sont aimés dans les bois fleuris; parmi les
grands blés murs; aux vendanges de Suresnes;
et, l'hiver, dans la petite chambre bien chaude.
Ils ont dansé ensemble à la Chaumière; le souvenir
du cancan du premier acte sera très attendrissant.
Sans doute, lui, poète, toujours dans ses rimes,

elle, grisette, l'aiguille à la main, ils ne se ressemblaient guère; mais ils se rejoignaient, ils étaient pareils dans l'égale tendresse des baisers.

Oh! ne l'appelez pas! Ou, appelé, renvoyez-le! Dites-lui de ne pas vous aimer! Ne l'aimez pas! Rendez-le-moi.

D'abord, la duchesse Thérèse a fait assez grise mine. Elle a un goût pour l'impertinent de chez Palmyre, pour le beau cavalier de la fête. Mais Mimi Pinson est si sincèrement affligée qu'il faut bien en être émue.

— Le voici! Allez-vous-en! Je lui parlerai sévèrement! Je vous promets de vous le rendre!...

Et Mimi, reconnaissante et confiante, s'en va...

SCÈNE IV

LA DUCHESSE THÉRÈSE, THÉODORE.

C'est un duo dansé. Théodore court à la duchesse, qui s'écarte de lui. Il vient de l'autre côté, elle s'écarte encore : « Non! Monsieur! Non! — C'est pour me faire entendre cette dure parole que

vous m'avez permis de venir! Ah! Cruelle!
Mais vous ne savez donc pas à quel point je vous
aime!... Ah! Tenez, si ces fleurs, à ces arbres,
étaient tous les trônes, toutes les gloires du
monde, je voudrais qu'elles fussent gardées par
un dragon, pour le cher danger d'aller vous les
conquérir! Les étoiles qui sont là-haut, je voudrais les cueillir pour vous en faire des colliers
et des bracelets plus beaux que vos perles et vos
pierreries! Je ne suis qu'un faiseur de vers, mais
j'ai du talent, j'ai du génie! Et vous serez immor-
telle, grâce à moi qui chanterai, en impérissables
poëmes, vos cheveux de lumière et d'or... (et il
respire les cheveux de duchesse qui fuit) ... vos
épaules de nacre diamantée... (et il baise les
épaules de Thérèse toujours fuyante) ... vos bras,
vos mains... et cette bouche... Ah! cette bouche...»
La duchesse s'est tant fatiguée à fuir en dansant
que la force lui manque pour fuir encore, et elle
défaille, non point sur le gazon, mais dans les
bras de Théodore disposé à profiter sans retard
de cette heureuse faiblesse.

Mimi Pinson apparaît au fond, à gauche, cons-
ternée.

Ni Théodore, éperdu, ni Thérèse, charmée
malgré elle, ne l'ont aperçue.

Mais l'orchestre pleure, très reconnaissable, la chanson :

> *Mimi Pinson est une blonde,*
> *Une blonde que l'on connaît.*
> *Elle n'a...*

Alors ils songent à Mimi. La duchesse s'est reprise la première.

— Ah! la pauvre fille! Je suis une grande coupable, partez!... Je le veux! Il le faut!

Lui, après une première hésitation, veut reprendre Thérèse, mais la chanson :

> *Elle n'a qu'une robe au monde,*
> *Landerirette!*

persiste, insiste, supplie, pendant la mimique, derrière eux, de la grisette qu'ils ne voient pas.

Théodore, navré, la tête basse, s'éloigne vers la route du fond, sous le geste impérieux et définitif de la duchesse.

Mimi, ravie, a devancé son amant. Elle se tiendra, au haut de la côte, à demi-cachée derrière un petit arbre.

Théodore, sans quitter la duchesse des yeux, monte lentement. Mimi tend déjà les bras pour le recevoir et l'emmener. La duchesse, sur les marches de la fontaine, ne peut s'empêcher d'envoyer à Théodore le dernier adieu d'un baiser dans la dentelle de son mouchoir.

L'espace s'élargit de plus en plus entre eux. Il y a partout, sur tout, les silences mélancoliques de la lune.

SCÈNE IV

TOUS LES PERSONNAGES.

Descendant avec des torches qui éclairent splendidement le parc, l'horizon, les bois, le ciel, tous les personnages, hormis Thérèse, Mimi et Théodore, sans manteaux, avec l'éclat frissonnant de leurs costumes versicolores, se ruent dans une danse, dans une ronde effrénée. Et l'orchestre proclame toute la joie fantasque de la belle fête de fantaisie et d'amour.

FIN

IMPRIMERIE CHAIX, RUE BERGÈRE, 20, PARIS.— 25730-12-09. — (Encre Lorilleux).

LA FÊTE CHEZ THÉRÈSE

BALLET-PANTOMIME EN DEUX ACTES

DE

CATULLE MENDÈS

MUSIQUE DE

REYNALDO HAHN